CATALOGUE

DE LA COLLECTION

de

TABLEAUX

et

DESSINS

DE M. HENRY DIDIER

DÉPUTÉ

DONT LA VENTE AURA LIEU

par suite de son décès

HOTEL DROUOT, Salle N° 8

Les Lundi 15,
Mardi 16 et Mercredi 17 Juin 1868

A DEUX HEURES ET DEMIE PRÉCISES.

EXPOSITION PUBLIQUE

Le Dimanche 14 Juin 1868, de une heure à cinq heures.

Me CHARLES PILLET	M. FRANCIS PETIT
COMMISSAIRE-PRISEUR	EXPERT
rue Grange-Batelière, 10.	rue Saint-Georges, 7.

Chez lesquels se trouve le Catalogue.

CONDITIONS DE LA VENTE

Elle sera faite au comptant.

Les adjudicataires payeront *cinq pour cent* en sus des enchères.

ORDRE DES VACATIONS.

LUNDI 15, les TABLEAUX MODERNES;

MARDI 16, les TABLEAUX ANCIENS;

MERCREDI 17, les DESSINS.

356. — Imprimerie de Pillet fils aîné, rue des Grands-Augustins, 5.

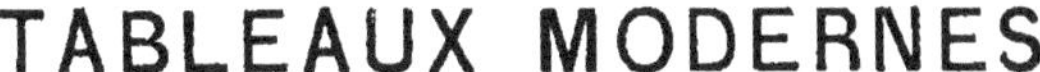

TABLEAUX MODERNES

TABLEAUX MODERNES

BONINGTON

1 — **Bord de rivière.**

Deux chevaux, l'un blanc, l'autre noir, sont arrêtés sur un chemin de halage; la rivière qui traverse le paysage est couverte de bateaux à voile; le ciel est clair et lumineux.

Ce tableau est peint avec la légèreté et la finesse de ton si particulières à Bonington.

Haut., 41 cent.; larg., 53 cent.

1200

BONINGTON

2 — **Paysage.**

Un groupe d'arbres près d'un étang sur lequel sont des canards; plus loin des laveuses, une chaumière et quelques animaux.

Haut., 26 cent.; larg., 35 cent

(voyez n° 3.)

BONINGTON

3 — **Plage à marée basse.**

Étude pleine de lumière.

Haut., 16 cent.; larg., 27 cent.

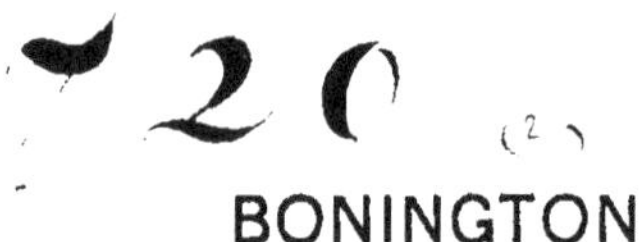

BONINGTON

4 — **François Ier prisonnier en Espagne.**

Esquisse.

Haut., 31 cent.; larg., 40 cent.

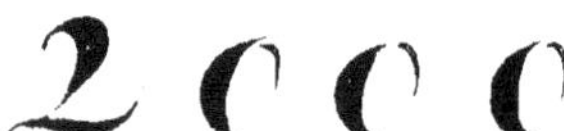

BONINGTON

5 — **La Seine près Rouen. Effet de soleil.**

6 — **Paysage. La Route.**

Deux médaillons de forme ronde.

Diam., 80 cent.

BEAUMONT

(E. DE).

7 — **Mater dolorosa.**

La Vierge est agenouillée, les mains jointes, et dépose un baiser sur la couronne d'épines.

Haut., 21 cent ; larg., 15 cent.

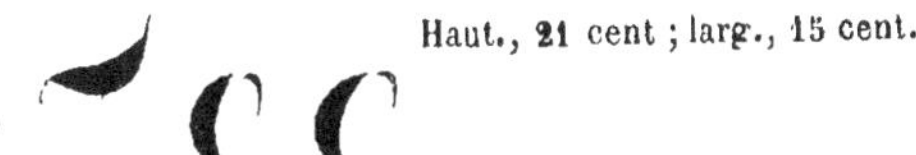

BEAUMONT

(E. DE).

8 — **Le Chien du régiment.**

Haut., 11 cent.; larg., 19 cent.

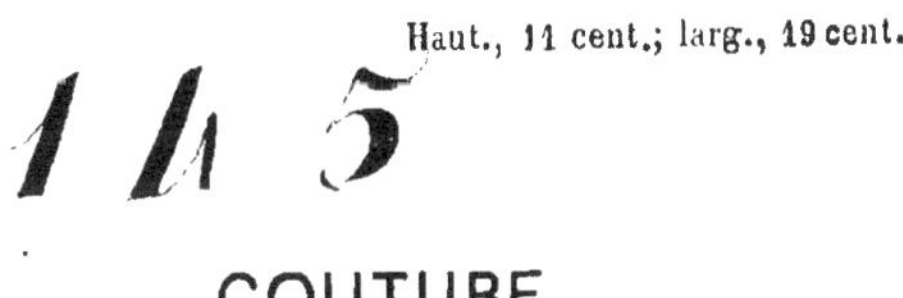

COUTURE

9 — **Allégorie.**

Esquisse.

Haut., 12 cent ; larg., 11 cent.

DECAMPS

10 — **Bohémiens en voyage.**

Une sorte de caravane de bohémiens en armes suit le bord de la mer, les uns sont à cheval, les autres à pied : un chariot les précède. L'un deux, monté sur un cheval blanc, tient un jeune enfant en croupe; un chien les suit, harassé, et marchant dans la poussière, sous un ciel du midi chargé de nuages.

Haut., 14 cent.; larg., 20 cent.

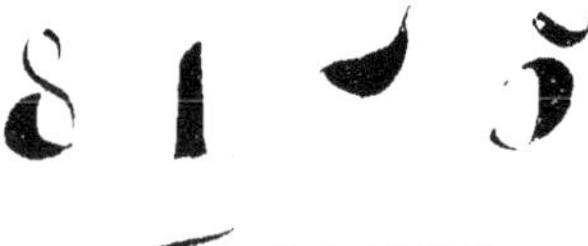

DECAMPS

11 — **Pêche au thon.**

Des pêcheurs en barque, viennent de harponner un thon immense; le ciel au soleil couchant est couvert de nuages annonçant l'orage, les eaux sont d'un ton vigoureux et transparent à la fois. — Ce tableau est d'une grande magie de coloration.

Haut., 40 cent.; larg., 64 cent.

DECAMPS

12 — **Savoyard et son chien.**

Un jeune savoyard montreur de chiens savants est assis sur son grabat; il déjeune avant de partir, le chapeau sur la tête, le tambour au dos. Un chien assis à ses pieds lui demande sa part du repas du matin.

Haut., 63 cent.; larg., 80 cent.

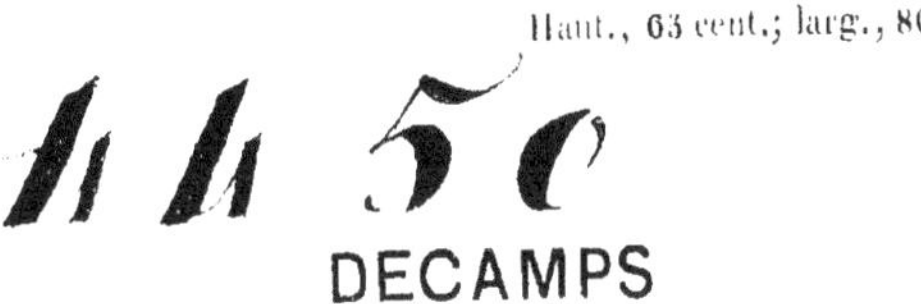

DECAMPS

13 — **Soldats grecs au repos.**

Des soldats sont arrêtés et se reposent au milieu d'un site de rochers; les uns sont assis, d'autres sont étendus sur des pierres qu'accidente le terrain.

Haut., 21 cent.; larg., 27 cent.

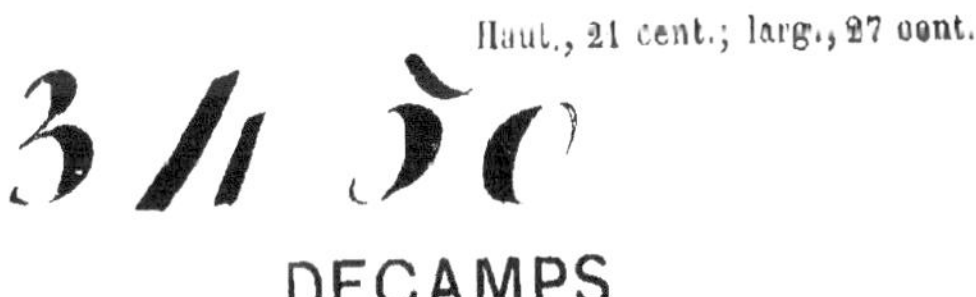

DECAMPS

14 — **Laboureur du Lot.**

Deux bœufs, la tête recouverte d'un capulet bordé de filets, sont attelés à une charrue que mène un paysan; plus loin, un semeur jette le grain dans le sillon.

Haut., 33 cent., larg., 51 cent.

DECAMPS

15 — **Batelier grec.**

On voit à la marée basse les murailles d'un vieux port, puis un coin de voile et l'avant d'un bateau; le batelier, accroupi au bord de l'eau, prend du poisson et le pose dans un panier près de lui.

Haut., 35 cent.; larg., 25 cent.

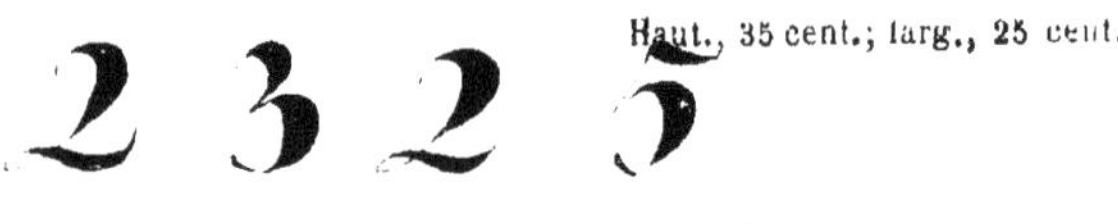

DECAMPS

16 — **Chenil.**

Trois chiens sont au chenil; l'un blanc, taché de roux, est debout près d'un autre couché à terre; le troisième est endormi dans la paille; la tête seule et les pattes sont dehors.

On lit sur la muraille: Vive Brifau.

Haut., 25 cent.; larg., 32 cent.

3800

DECAMPS

17 — **Chien basset.**

Un chien basset est assis dans une cour; devant lui est une large écuelle; on aperçoit dans le fond deux autres chiens couchés.

Haut., 25 cent.; larg., 35 cent.

4000

DIAZ

18 — **Nymphe tourmentée par les Amours.**

Une jeune nymphe est assise à demi nue au bord d'un bois. des Amours qui l'entourent luttent de séduction près d'elle.

Haut., 72 cent.; larg., 47 cent.

4050

DIAZ

19 — **La Fée aux bijoux.**

Le corps à demi enveloppé d'une draperie rose, et accoudée sur une vasque au milieu d'un paysage très-pittoresque, elle laisse tomber des bijoux que ramassent les Amours groupés autour d'elle.

Haut., 65 cent.; larg., 40 cent.

3600

DIAZ

20 — **Intérieur de forêt.**

Une charrette chargée de bois est arrêtée au centre d'une forêt; le soleil a peine à percer l'ombre épaisse des grands arbres.

Haut., 45 cent.; larg., 60 cent.

3000

DIAZ

21 — **Les Délaissés.**

Des nymphes, groupées au milieu d'un bois, se désolent et pleurent l'Amour qui s'enfuit à tire d'ailes.

Haut., 19 cent.; larg., 13 cent.

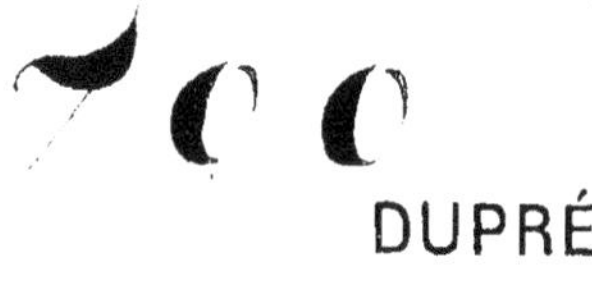

DUPRÉ

(JULES.)

22 — **Mare dans les bois.**

Le soleil couchant d'une belle journée d'été se reflète dans une mare située sur la lisière d'un bois. — Des animaux viennent boire; le berger est assis au bord du chemin. Toute la nature est inondée d'une lumière chaude et douce à la fois.

Haut., 42 cent.; larg., 55 cent.

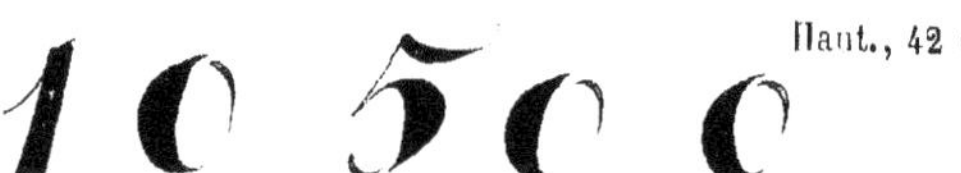

LEMUD

(A. DE).

23 — **La Rencontre.**

(Alfred de Musset).

Haut., 32 cent.; larg., 46 cent.

320

LEMUD

(A. DE)

24 — **Jeune Femme jouant avec un perroquet.**

Haut., 0,11, larg. 0,14.

Esquisse.

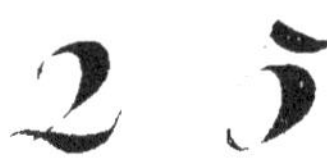

MEISSONIER

25 — **Un Incroyable.**

C'est un homme jeune encore, vêtu du costume de l'époque, habit gorge de pigeon, culotte jaune, gilet blanc, cravate blanche, bas chinés, souliers fins, toute l'élégance prétentieuse du temps.

Il passe dans la rue, s'appuyant sur une canne; derrière lui le mur est rempli d'affiches des représentations des théâtres de l'époque. *Anacréon au théâtre de la République et des Arts.* Le *Prisonnier,* pour la rentrée d'Elleviou à l'Opéra-Comique-National. Les *Visitandines* à Feydeau et bien d'autres encore, --jusqu'à l'annonce d'une ascension de Mme Saqui au jardin de Tivoli.

Haut., 19 cent.; larg., 16 cent.

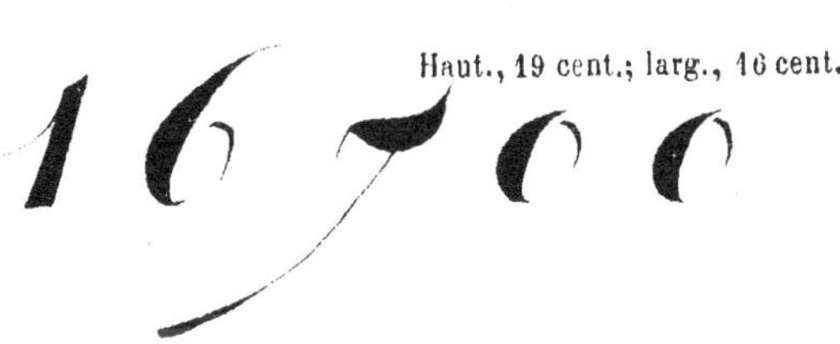

MEISSONIER

26 — **Le petit Neveu de Rameau.**

Assis au cabaret devant un verre de bière, il fume, le chapeau sur l'oreille, le gilet ouvert, la chemise en désordre, une main dans la poche de sa culotte ; son vêtement rouge est pourtant d'une certaine élégance.

Les murs du cabaret sont ornés d'images coloriées.

Haut., 15 cent. ; larg. 11 cent.

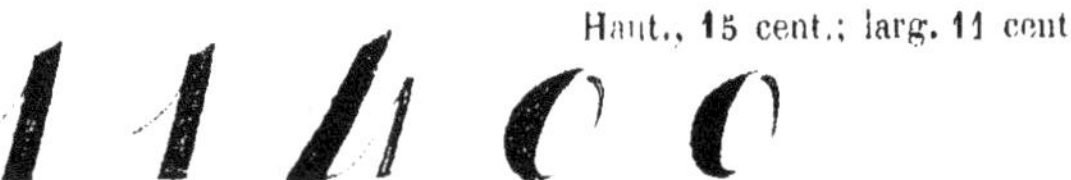

MEISSONIER

27 — **Jeune Homme dessinant.**

Il est assis, vu de dos, costumé de noir et copie avec soin un dessin posé devant lui sur un chevalet ; dans le fond de l'atelier sont diverses toiles accrochées ou posées à terre, — des portefeuilles et divers autres objets.

On lit sur la muraille, au fond : *Meissonier, à Poissy* ; puis à côté : *H. Didier, rue de Hanôvre.*

15000 Haut., 20 cent. ; larg., 14 cent.

MEISSONIER

28 — Un Gentilhomme.

On sent en lui un vrai gentilhomme de la cour du roi Henri III. Son costume est de velours grenat; le manteau, de même étoffe, est relevé sur le bras et laisse voir l'épée. La collerette est blanche, le béret de velours, orné de plumes. Une de ses mains est posée sur la hanche, de l'autre, il tient son gant.

Haut., 18 cent.; larg., 11 cent.

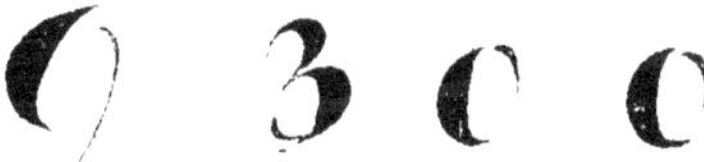

MEISSONIER

29 — Portrait de femme.

Portrait inachevé d'une dame assise; un livre sur les genoux, elle vient d'interrompre sa lecture, le menton est appuyé sur la main, le corps renversé sur le dossier du fauteuil.

La tête seule est achevée. Le costume blanc, orné de rubans verts, est légèrement indiqué.

Haut., 38 cent.; larg., 26 cent.

TH. ROUSSEAU

30 — **L'Arc-en-ciel.**

Site au bas d'une colline rocheuse et à demi boisée. Des maisons sont presque cachées par des arbres au milieu d'un terrain accidenté. Un arc-en-ciel brille au milieu des nuages.

Haut., 40 cent.; larg., 65 cent.

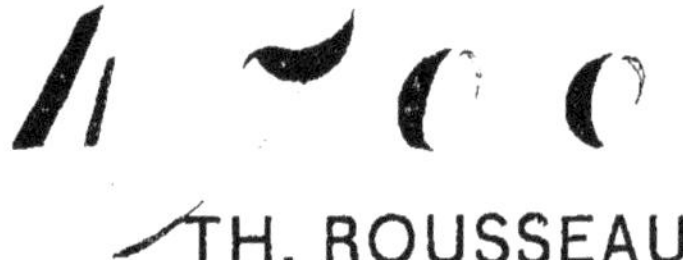

TH. ROUSSEAU

31 — **Paysage.**

Paysage boisé, avec quelques maisons d'habitation.

Haut., 22 cent.; larg., 33 cent.

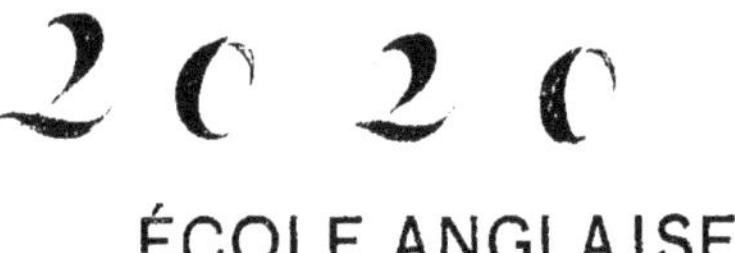

ÉCOLE ANGLAISE

32 — **Deux chiens à l'affût devant un terrier.**

Haut., 42 cent.; larg., 52 cent.

33 — **Deux chiens jappant devant une cage.**

Haut., 42 cent.; larg., 52 cent.

TABLEAUX ANCIENS

TABLEAUX ANCIENS

BARROCHE

(Fiori-Frédéric.)

34 — **Annonciation.**

La vierge est agenouillée devant son livre de prières; elle se détourne, apercevant l'ange Gabriel qui, tenant à la main une branche de lys, pose un genou à terre devant elle et lui annonce la venue du Saint-Esprit.

Haut., 49 cent.; larg., 35 cent.

200

BAUDOUIN

35 — **Le Coucher de la Mariée.**

Composition de six figures.

Gravée. Haut., 40 cent.; larg., 30 cent.

2020

BERCHEM

36 — **Paysage italien, avec figures et animaux.**

Les ruines d'une ancienne construction, dorées par le soleil couchant, s'élèvent à droite d'un chemin qui borde une rivière. — Un horizon de montagnes se détache sur un ciel clair et lumineux, — des figures et des animaux animent cette composition.

Haut., 51 cent.; larg., 62 cent.

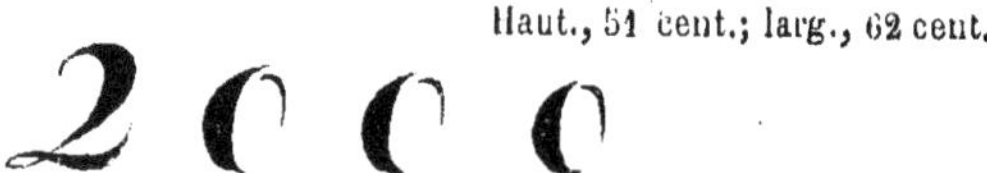

BORDONE

(Paris.)

37 — **Bethsabée.**

Elle est assise sur le bord de la vasque d'une fontaine où elle vient puiser de l'eau, — une draperie rouge l'enveloppe à demi. Ses cheveux blonds tombent sur ses épaules. Le paysage est le jardin du palais, sur la terrasse duquel on aperçoit le roi David.

1625 Haut., 54 cent.; larg., 67 cent.

BOUCHER

(François.)

38 — **Portrait en pied de Mme la marquise de Pompadour.**

A demi couchée sur un lit de repos enveloppé de riches étoffes, elle est vêtue d'une robe bleue élégamment garnie de fleurs, un bouquet au corsage ; elle tient un livre à la main.

Près d'elle est un petit meuble-bureau avec des livres et divers autres objets, — à terre des dessins, de la musique, des roses et un porte-crayon, — derrière elle est une glace qui reflète une riche bibliothèque.

Haut., 212 cent.; larg., 162 cent.

28000

BOUCHER

(François.)

39 — **La Naissance d'Adonis.**

Les nymphes reçoivent dans leurs bras le fils de Myrrha ; à gauche, le char de Junon conduit par des paons.

Gravé par Michel Aubert.

N° 92 du Catalogue de la collection de La Live de Jully, vendue en 1770.

Haut., 65 cent.; larg., 80 cent.

BOUCHER

(François.)

40 — **La Mort d'Adonis.**

Vénus se précipite de son char, traîné par des cygnes, pour soutenir le beau chasseur blessé à mort.

Gravé par Michel Aubert.

N° 92 de la vente du cabinet de La Live de Jully, en 1770.

Haut., 65 cent.; larg., 80 cent.

1100

BOUCHER

(François.)

41 — **Les petits Bergers.**

Assis sur un tertre abrité de grands arbres, une petite fille tenant sa houlette d'une main, couronne de fleurs un jeune garçon assis à terre auprès d'elle, — un mouton est couché à leurs pieds.

Forme ovale. — Haut., 35 cent.; larg., 29 cent.

1320

BOUCHER

(François.)

42 — **Les Fleurs et les Fruits.**

Deux panneaux de décoration : dans l'un, une jeune femme roule un enfant dans une brouette, au milieu d'un parc charmant, un petit garçon la suit la tenant par sa jupe ; dans l'autre, une jeune fille tenant sur sa tête une corbeille pleine de raisins, en distribue des grappes à de jeunes enfants qui l'entourent.

.Haut., 1 m. 25 cent.; larg., 85 cent.

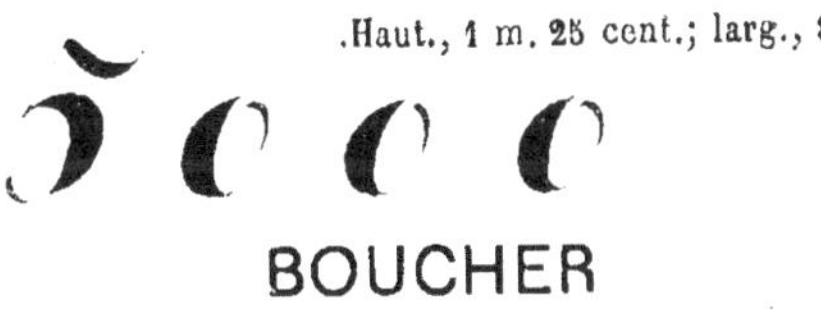

BOUCHER

(François.)

43 — **Amours étudiant.**

Trumeau de glace. — Haut., 40 cent.; larg., 63 cent.

BOUCHER

(François.)

44 — **Amours retenant des colombes.**

Trumeau de glace. — Haut., 45 cent.; larg., 91 cent.

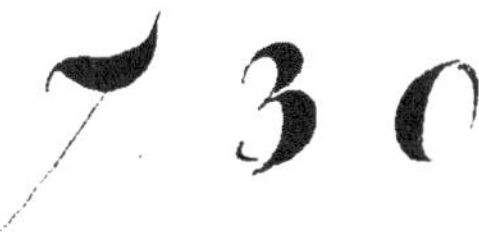

CARRACHE

(Louis.)

45 — **Vierge et Enfant Jésus.**

La Vierge tient dans ses bras l'enfant Jésus qui l'embrasse.

Haut., 80 cent.; larg., 67 cent.

185

CHARDIN

46 — **La Serinette.**

Une jeune femme, vêtue d'une robe de soie bleue décolletée, une mante blanche sur les épaules, fait jouer une serinette sur laquelle est venu se percher un petit serin.

Haut., 65 cent.; larg., 55 cent.

1100

CHARDIN

47 — **Portrait d'un sculpteur.**

Il est représenté en buste, vêtu de gris, un chapeau à larges bords sur la tête, et tient une masse à la main.

Haut., cent.; larg., cent.

1100

CHARDIN

48 — Le Déjeuner.

Des cerises dans un plateau, un pain, un verre et une bouteille sur une table.

Haut., 29 cent.; larg., 31 cent.

(réuni au n°. 49)

CHARDIN

49 — Fruits.

Du raisin blanc sur une tablette et dans une assiette, une poire, du pain coupé.

Haut., 38 cent.; larg., 60 cent.

CHARDIN

50 — Fruits.

Un panier de fraises et une assiette de biscuits sur une table.

Haut., 29 cent.; larg., 31 cent.

(réuni au 49)

LE CORRÉGE

ALLÉGRI (ANTOINE.)

51 — **L'Enfant Jésus.**

Jésus enfant contemple les instruments de la Passion, la croix, la couronne d'épines, la lance, la colonne et ses liens.

Haut., 22 cent.; larg., 28 cent.

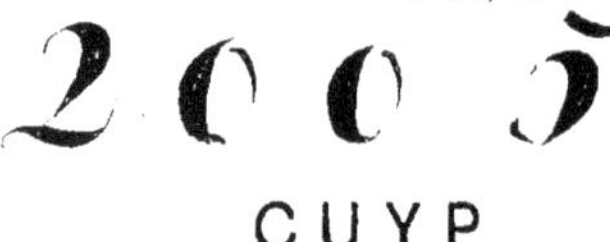

CUYP

(ALBERT.)

52 — **Portrait de femme.**

Portrait en pied d'une jeune femme en costume hollandais, un panier au bras et tenant des fleurs dans les mains.

Haut., 41 cent.; larg., 35 cent.

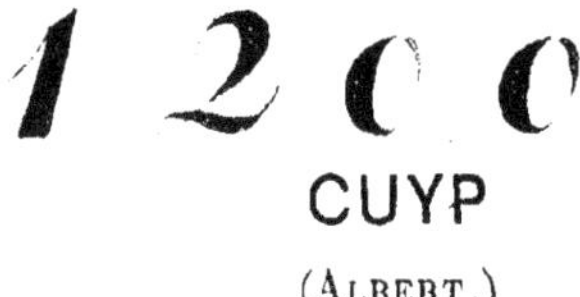

CUYP

(ALBERT.)

53 — **Dame hollandaise.**

Portrait en buste d'une dame hollandaise vêtue de noir avec collerette et bonnet blanc.

Forme octogone. — Haut., 25 cent.; larg., 20 cent.

52 et 53 réunis (300)

DROUAIS

(HUBERT.)

54 — **Portrait d'une petite fille.**

Vêtue d'un costume allégorique, les cheveux poudrés, parée de fleurs, elle tient d'une main une flèche dont elle essaye la pointe sur son doigt.

Vente Lord Pembroke.

Haut., 62 cent.; larg., 48 cent.

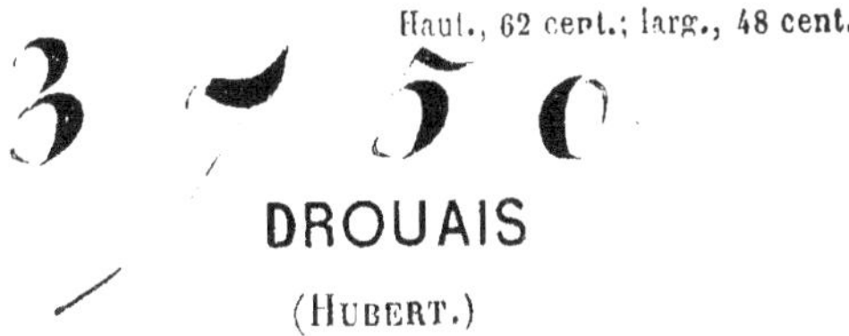

DROUAIS

(HUBERT.)

55 — **Portrait d'un jeune garçon.**

Il est assis à terre sous un berceau couvert et joue avec un limaçon; son costume est celui d'un jeune seigneur du temps.

Vente Lord Pembroke.

Haut., 61 cent.; larg., 48 cent.

DUPLESSIS

56 — **Portrait de Necker.**

Il est représenté en buste, le visage presque de face, les cheveux poudrés, habit de velours violet, jabot de dentelles.

Forme ovale. — Haut., 50 cent.; larg., 40 cent.

FRANCIA

(Raibolini François.)

57 — **Vierge et Enfant Jésus.**

La Vierge est vue à mi-corps et tient l'enfant Jésus assis devant elle, sur une sorte de galerie en pierre;— dans le fond, un paysage très-étendu.

Haut., cent.; larg., cent.

FRAGONARD

(Honoré.)

58 — **Baigneuses.**

Des jeunes filles se baignent dans la pièce d'eau d'un parc.

Haut., 32 cent.; larg., 25 cent.

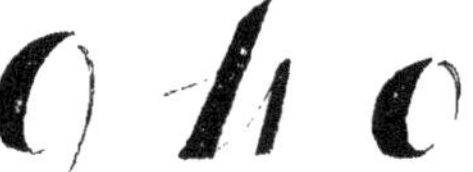

FRAGONARD

(Honoré.)

59 — **La Réconciliation ou le Retour au logis.**

Ébauche avec variantes du tableau de la collection de M. le marquis du Blaizel.

Haut., 69 cent.; larg., 87 cent.

FRAGONARD

(Honoré.)

60 — **Scène galante.**

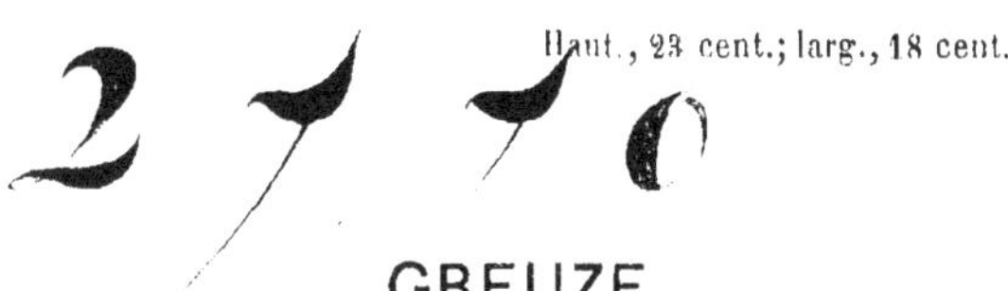

Haut., 23 cent.; larg., 18 cent.

GREUZE

61 — **Portrait de Mlle Olivier, actrice du théâtre de la Nation.**

Costumée de blanc, coiffée d'un petit toquet à plumes, les cheveux blonds bouclés, la tête appuyée sur la main.

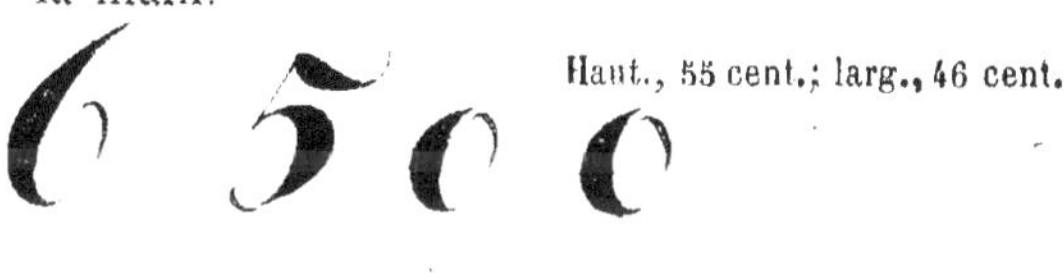

Haut., 55 cent.; larg., 46 cent.

GREUZE

62 — **Portrait de femme.**

La tête, vue de trois quarts, est vivement tournée vers le spectateur; ses cheveux blonds dénoués retombent sur ses épaules.

Forme ovale. — Haut., 43 cent.; larg., 25 cent.

GREUZE

63 — **Andromaque.**

La tête renversée en arrière exprime la douleur, les yeux sont levés vers le ciel, une tunique blanche laisse apercevoir un sein découvert.

Haut., 45 cent.; larg., 36 cent.

1440

GUARDI

64 — **Vue de Venise.**

Haut., cent.; larg., cent.

64 — **Une Rue à Rome.**

Haut., cent.; larg., cent.

3520

LAGRENÉE

65 — **Pâris et Hélène.**

Haut., 68 cent.; larg., 53 cent.

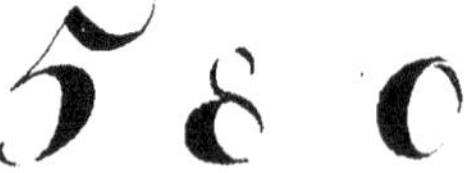

LEMOINE

(François.)

66 **Amours essayant des flèches.**

Haut., 15 cent.; larg., 12 cent.

130

LEPICIÉ

67 — **Jeune Femme lisant.**

Vêtue d'une robe blanche à fleurs, un fichu blanc sur les épaules, elle lit dans un volume posé sur ses genoux.

Haut., 41 cent.; larg., 32 cent.

2820

LUCAS DE LEYDEN

68 — **Saint Jérôme.**

Le saint est agenouillé devant l'image du Christ; il tient des pierres dans ses mains et s'en frappe la poitrine nue; un lion est couché à ses pieds. On aperçoit au fond une riche cathédrale dominant des rochers, plus loin une ville baignée par les eaux d'une rivière.

Tableau peint en grisaille.

Haut., 86 cent.; larg., 48 cent.

260

MONSIGNORI

(François.)

69 — **Le duc de Mantoue.**

Composition allégorique pleine d'originalité.

Forme de frise. — Haut., cent.; larg., cent.

1200

NATTIER

70 — **Portrait de Mme de Sombreval et de son fils.**

Elle est représentée sous la figure d'Erato, une lyre à la main; près d'elle son fils, sous les traits de l'Amour, indique avec le bout d'une plume le sonnet suivant, écrit sur un papier qui se déroule:

« La divine Erato surgit et frappe les yeux;
On croit entendre ici les doux sons de sa lyre.
J'ai conduit le pinceau du peintre que j'inspire
Pour exprimer le vrai, le beau, le gracieux. »

Haut., 1 m. 37 cent.; larg., 1 m. 05 cent.

6000

NATTIER

71 — **Portrait présumé de Mme la duchesse de Chartres en Hébé.**

Elle tient à la main un vase en vermeil ; la poitrine est à demi découverte, une guirlande de fleurs traverse le corsage, les cheveux sont poudrés et ornés de fleurs.

Forme ovale. — Haut., 75 cent.; larg., 65 cent.

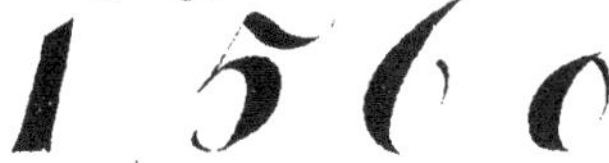

OUDRY

(Jean - Baptiste.)

72 — **Le Violon.**

Un violon, une flûte, des cahiers de musique, des livres, des pêches et des raisins groupés sur une table.

Haut., 60 cent.; larg., 75 cent.

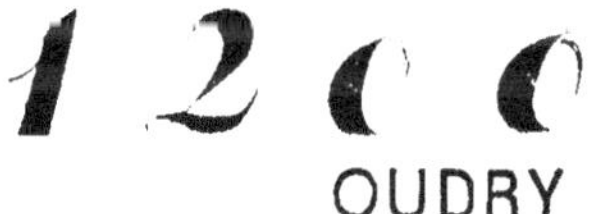

OUDRY

(Jean-Baptiste.)

73 — **Chien flairant du gibier mort.**

Un lièvre et un faisan morts sont accrochés à un fusil de chasse posé sur le terrain. — Un chien blanc saute par-dessus une colonne brisée et s'approche du gibier.

Haut , 95 cent.; larg., 1 m. 28 cent.

OUDRY

(JEAN-BAPTISTE.)

74 — **Nature morte.**

Un canard et des bécasses sont accrochés à un mur et reposent en partie sur une table de pierre, sur laquelle sont placées des grenades, dont plusieurs entr'ouvertes, et un vase en céladon blanc monté d'argent: à droite, une fontaine avec de l'eau jaillissante.

Haut., 95 cent.; larg., 1 m. 28 cent.

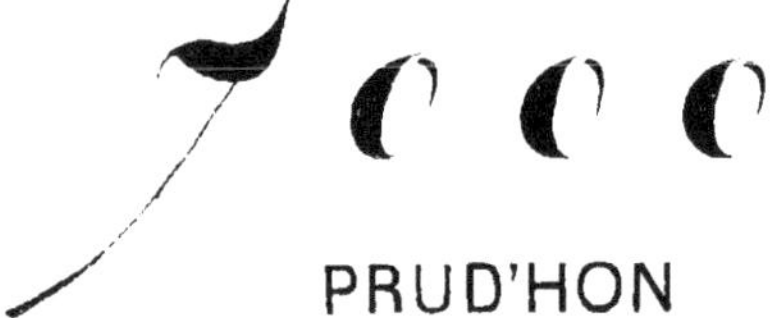

PRUD'HON

75 — **Oh! les jolis petits chiens!**

Une petite fille étend sa jupe pour recevoir des petits chiens que lui apporte un jeune garçon. La chienne suit à quelques pas.

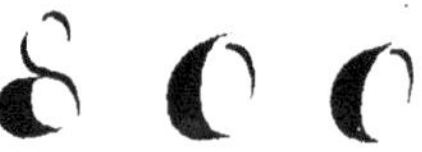

Haut., 65 cent.; larg., 54 cent.

PRUD'HON

76 — **Les Saisons.**

Quatre panneaux de décorations, exécutés par Prud'hon, pour l'hôtel de M. Baillot, ancien agent de change.

Collection Lapeyrière père, en 1825.

Vente Vandermarcq, en 1861.

Les déesses des saisons sont représentées toutes quatre au milieu des airs.

Le *Printemps*, blonde jeune fille légèrement voilée d'une tunique blanche, tient des fleurs dans ses deux mains et vient les répandre sur la terre; la figure est naïve et charmante d'expression.

L'*Été*, la jeune fille est devenue femme; de blondes gerbes chargent ses deux bras. le corps est gracieusement enveloppé d'un voile bleu, la tête exprime le bonheur.

L'*Automne*, l'heure de la vendange est venue, la déesse s'enfuit tenant d'une main un thyrse et de l'autre une grappe de raisin qu'elle regarde avec ivresse.

L'*Hiver*, la neige couvre la terre, la nature sommeille, la déesse est enveloppée d'un large manteau qui flotte au vent, la tête même est couverte, les yeux seuls indiquent la vie.

Haut., 1 m. 87 cent.; larg., 70 cent.

33500

REMBRANDT

(Van Ryn.)

77 — **Son portrait.**

Il s'est représenté en buste coiffé d'une toque blanche d'où s'échappent des cheveux abondants, enveloppé d'un ample vêtement brun, la tête est vue de trois quarts de face.

Vente Patureau;
Décrit au catalogue raisonné de Smith.

Haut., 65 cent.; larg., 55 cent.

4000

RIBERA

(École de)

78 — **Vieillard en prière, les deux mains jointes sur la poitrine.**

Haut., 82 cent.; larg., 65 cent.

340

RUBENS

79 — **Portrait d'un moine, confesseur de Rubens.**

Il est représenté à mi-corps, vu de face ; la tête est expressive, la barbe grisonnante; sa robe blanche est en partie cachée par un large manteau à capuchon noir.

Haut., 73 cent.; larg., 58 cent.

2000

RUYSDAEL

(Jacques.)

80 — **Paysage de la Hollande.**

Vue très-étendue des environs de Haarlem. Le ciel chargé de nuages laisse percer un rayon de soleil qui éclaire une partie de la plaine.

Haut., 23 cent.; larg., 31 cent.

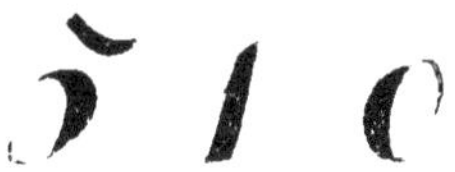

LE TINTORET

Robusti (Jacques.)

81 — **Un Concile.**

Haut., 31 cent., larg., 74 cent.

UCCELLO

Dono (Paul.)

82 — **Vierge et Enfant Jésus.**

La Vierge est vue à mi-corps, sous le portique d'un temple richement décoré, — l'enfant Jésus, — debout devant elle, — tient d'une main un œillet rouge et de l'autre une boule.

Haut., cent.; larg., cent.

VAN DE VELDE

(Guillaume.)

83 — **Pleine mer.**

Un bateau-pilote et quelques barques se dirigent vers un navire qui vient de la pleine mer; le ciel est clair, légèrement accentué de nuages, les eaux fines et grises.

Vente de Morny.

Haut., 35 cent.; larg., 47 cent.

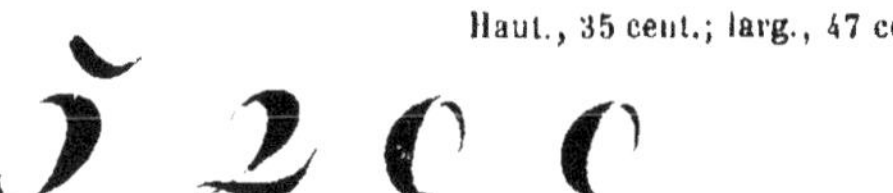

VAN DE VELDE

(Guillaume.)

84 — **Mer calme.**

La mer est couverte de vaisseaux et d'embarcations diverses; rien ne l'agite que leur sillage; le ciel est gris avec quelques nuages lumineux.

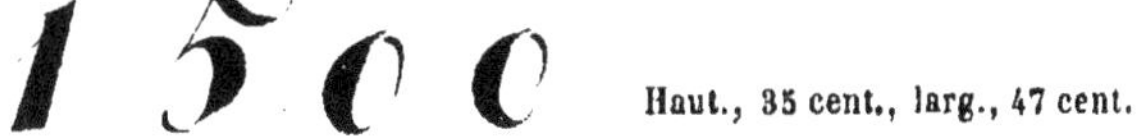

Haut., 35 cent., larg., 47 cent.

VELASQUEZ

85 — **Portrait présumé de sa fille.**

Elle est représentée à mi-corps: la tête, pleine de caractère, est vue presque de face et encadrée de cheveux noirs attachés avec de légers rubans rouges. Son costume de soie rouge, brodé d'argent, laisse voir un fichu blanc orné de nœuds noirs; elle tient une rose à la main: une riche bague est à son doigt.

Haut., 71 cent.; larg., 57 cent.

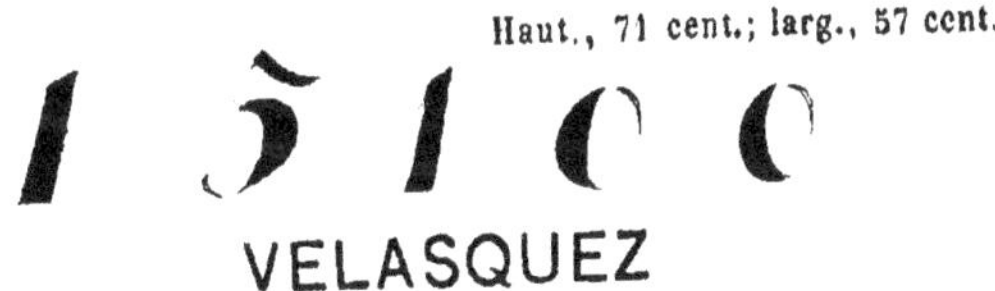

VELASQUEZ

86 — **Moines déjeunant.**

Des moines déjeunent, les uns assis, les autres couchés autour d'une table frugalement servie. Dans le fond, à gauche, d'autres moines préparent le repas.

Haut., 40 cent.; larg., 61 cent.

1000

RUBENS

(Attribué à)

87 — **Le Triomphe de la religion.**

Composition allégorique.

220

Haut., 64 cent.; larg., 46 cent.

ÉCOLE HOLLANDAISE

88 — **Petite Paysanne, les cheveux en désordre, la bouche souriante.**

Haut., 13 cent., larg., 12 cent.

89 — **Vieille Femme, un bâton à la main.**

Haut., 20 cent.; larg., 17 cent.

ÉCOLE ITALIENNE

90 — **Vénus et l'Amour.**

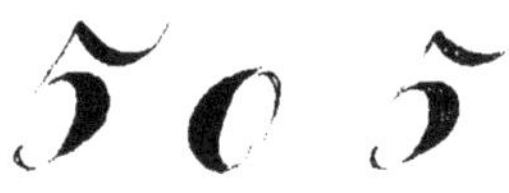

Haut., 80 cent.; larg., 91 cent.

91 — **Sainte Catherine, la Vierge et saint Pierre.**

Figures à mi-corps.

Haut., 53 cent.; larg., 70 cent.

92 — **Portrait d'une femme tenant des gants à la main.**

Le fond porte, écrit en lettres d'or : *Anno ætatis suæ* 30, 1544.

Haut., 40 cent.; larg., 33 cent.

ÉCOLE ESPAGNOLE

93 — **Le Festin.**

Composition satirique d'un caractère très-original.

Haut., 88 cent.; larg., 1 m. 15 cent.

94 — **Tête de jeune garcon.**

Haut., 38 cent.; larg., 28 cent.

ÉCOLE DE CLAUDE LORRAIN

95 — **Grand bois traversé par un cours d'eau.**

Haut., 73 cent.; larg., 90 cent.

ÉCOLE FRANÇAISE

96 — **Le Repas sur l'herbe.**

Haut., 80 cent.; larg., 1 mètre.

ÉCOLE FRANÇAISE

97 — **Flore.**

Composition allégorique.

Haut., 65 cent.; larg., 37 cent.

260

DESSINS

DESSINS

BONINGTON

98 — **Enfants de pêcheurs.**

Deux études — Aquarelles.

205

DECAMPS

99 — **Marche de Cavaliers turcs à travers une forêt.**

Aquarelle.

1020

DECAMPS

100 — **Petite Bouquetière**

Aquarelle.

665

DECAMPS

101 — **Guenon coiffée d'un bonnet et vêtue d'une camisole.**

Fusain.

(réuni au 103)

DECAMPS

102 — **Potiers italiens.**

Fusain.

réuni au 103

DECAMPS

103 — **Tête de bœuf.**

Étude.

Crayon rehaussé.

192

DELACROIX

(Eugène.)

104 — **Lionne.**

Deux études.

Crayon.

(réuni au 105)

DELACROIX

105 — **Tigre.**

Deux études. Crayon.

101

FRAGONARD

106 — **L'Aimable folie.**

Dessin.

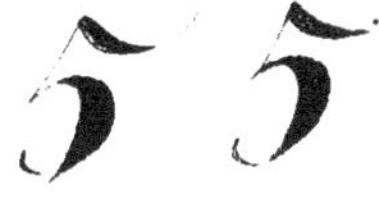

GAVARNI

Types, Études de mœurs et Costumes

(Suite de vingt-sept aquarelles.)

107 — Paresse.

108 — Misère.

109 — Faut-il quitter Paul, faut-il prendre Jules.

4

110 — Je quitterais Paul et je prendrais Jules.

111 — Si mon pince-nez m'empêche de voir, ça ne regarde personne.

112 — Savez-vous ce que je trouve de plus changé à Paris, depuis trente ans? les Parisiennes!

113 — A quinze ans, moi, j'étais pas'core formée

114 — Monsieu mon fils est vicomte? quand je ne suis pas là!

115 — Ma marchandise!... plus fraîche que la vôtre, belle dame, et pas si chère. .

116 — Pour la réponse.... la mam'selle a dit. Vous direz, qu'elle a dit, que je porterai ce soir ce que ce mosieu demande.

117 — Le roi des drôles.

118 — C'est un uniforme de fantaisie.

119 — Minon Minard se fait vieux.

120 — Polyte Allonsy.

121 — Ma pao'ole.

122 — Médée Larifla.

123 — Les affaires ne vont pas.

124 — J'vas faire une femme.

125 — J'ai fait un m'sieu.

126 — « Avait pris femme
Le sir de Franc Boisy. »

127 — « La prit trop jeune
Bientôt s'en repentit. »

128 — « Partit en guerre
Pour tuer les ennemis. »

129 — « Revint de guerre
Après sept ans et d'mi. »

130 — Cordieu! Madame,
Avez-vous un mari?

131 — J'dans' le cancan, an
Avec tous mes amis.

132 — De la maison de Framboisy.

133 — Allié aux Framboisy, par les femmes.

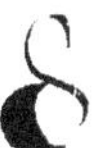 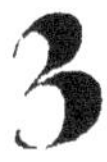 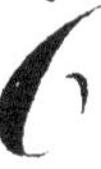 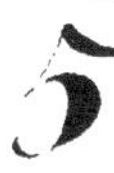

EUGÈNE LAMY

134 — **Collection remarquable de cinquante-six aquarelles formant l'illustration des œuvres d'Alfred de Musset.**

DÉSIGNATION

Frontispice de l'ouvrage complet avec le portrait d'Alfred de Musset.

POÉSIES

Vingt-neuf compositions et un frontispice spécial.

Frontispice.
Don Paez.
Les Marrons du feu.
Portia.
L'Andalouse.
Le Lever.
Mardoche.
Suzon.
Octave.
La coupe et les lèvres.
La coupe et les lèvres.
A quoi rêvent les jeunes filles.
Mamouna.
La nuit de décembre.
La nuit d'octobre.
A la Malibran.
Idylle.
Silvia.
A Lydie, traduit d'Horace.
Simone.
Le Rhin allemand, traduction française.
Souvenir.
A Ninon!
Mimi Pinson.
Le treize Juillet.

Collection vendue en une seule enchère.

Rolla.
Une bonne fortune.
La nuit de mai.
Sur trois Marches de marbre rose.
Adieux à Suzon.

COMÉDIES

Treize compositions et un frontispice spécial.

Frontispice.
André del Sarte.
Lorenzaccio.
Les Caprices de Marianne.
Les Caprices de Marianne.
Fantasio.
On ne badine pas avec l'amour.
La Nuit vénitienne.
La Quenouille de Barberinne.
Le Chandelier.
Un Caprice.
Il faut qu'une porte soit ouverte ou fermée.
Louison.
Carmosine.
Bettine.

CONTES & NOUVELLES

Dix compositions et un frontispice spécial.

Frontispice.
La Confession d'un enfant du siècle.
La Confession d'un enfant du siècle.
La Confession d'un enfant du siècle.
Emmeline.
Le Fils du Titien.
Croizilles.
Les deux Maîtresses.
Frédéric et Bernerette.
La Mouche.
Margot.

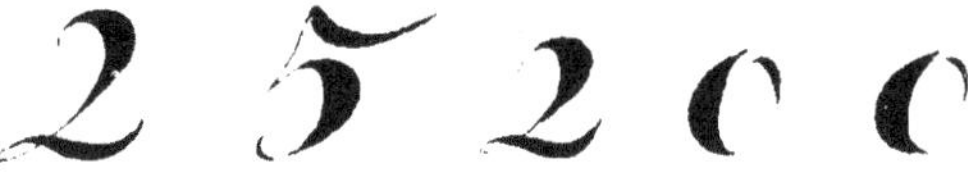

EUGÈNE LAMI

135 — **Portrait d'Alfred de Musset.**

Sanguine.

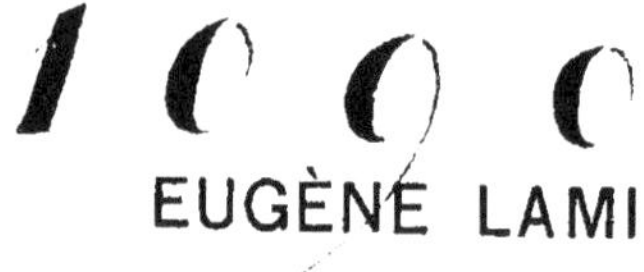

136 — **Un Salon en 1864.**

Aquarelle.

EUGÈNE LAMI

137 — **La Sortie de l'Opéra.**

Aquarelle.

LEMUD

(A. DE.)

138 — **Jeune chasseur.**

Dessin rehaussé.

NATOIRE

139 — **Tête de jeune fille, des fleurs dans les cheveux, un sein découvert.**

Pastel.

300

PRUD'HON

140 — **Aminta.**

Ce dessin est contenu dans un volume de *l'Aminta* du Tasse, exemplaire choisi sur les deux qui ont été imprimés sur vélin.

L'autre est à la Bibliothèque.

Celui-ci contient, outre le dessin de Prud'hon, plusieurs épreuves de la gravure qui en a été faite par Roger. Une épreuve sur chine, une sur satin et une en eau-forte; puis encore plusieurs gravures d'après Prud'hon et Moreau et le portrait de Tasse, imprimé sur satin.

1200

PRUD'HON

141 — **Les Arts et l'Industrie.**

Projet de décoration.

(Vente de Boisfremont).

Dessin rehaussé.

600

PRUD'HON

142 — **La Sculpture.**

143 — **La Peinture.**

Deux projets de décoration.

(Vente de Boisfremont).

Dessin rehaussé.

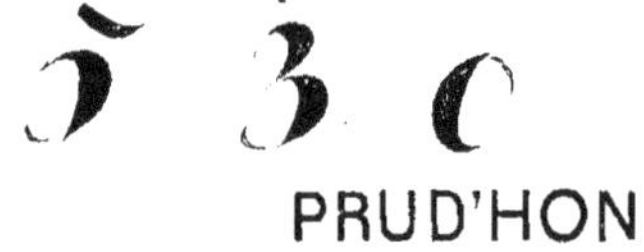

PRUD'HON

144 — **Naufrage de Virginie.**

« Et elle parut en ange qui prend son vol vers les cieux. »

Gravé par Roger, pour une édition de *Bernardin de Saint-Pierre*, publié par Didot.

Dessin à la sépia.

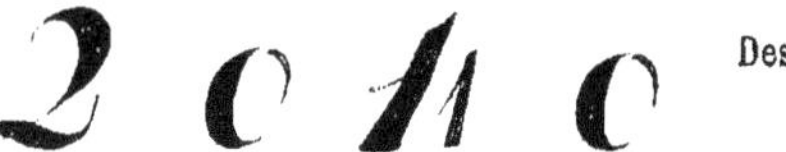

PRUD'HON

145 — **Une Famille dans la désolation.**

(Vente de Boisfremont).

Dessin rehaussé.

PRUD'HON

146 — **L'Ame brisant les liens qui l'attachent à la terre.**

(Vente de Boisfremont).

Dessin rehaussé.

PRUD'HON

147 — **Cupidon.**

On lit, au bas du dessin, cette inscription :

Qui que tu sois, voici ton maître,
Il le fut, l'est, ou le doit être.

Dessin rehaussé.

PRUD'HON

148 — **Mme Jarre.**

Portrait en buste.

(Vente de Boisfremont).

Croquis rehaussé.

PRUD'HON

149 — L'Amour.

Étude.

Dessin rehaussé.

060

PRUD'HON

150 — L'Innocence.

Étude.

Dessin rehaussé.

815

PRUD'HON

151 — La Vengeance divine.

Étude.

(Vente de Boisfremont).

Dessin rehaussé.

PRUD'HON

152 — **La Mère heureuse.**

Étude.

(Vente de Boisfremont).

Dessin rehaussé.

PRUD'HON

153 — **Une Muse.**

Étude.

Dessin à la plume.

PRUD'HON

154 — **Étude de femme assise, les bras croisés sur la poitrine.**

(Vente de Boisfremont).

Dessin rehaussé.

PRUD'HON

155 — **Étude de jeune fille debout, vue de face.**

(Vente de Boisfremont).

Fusain rehaussé.

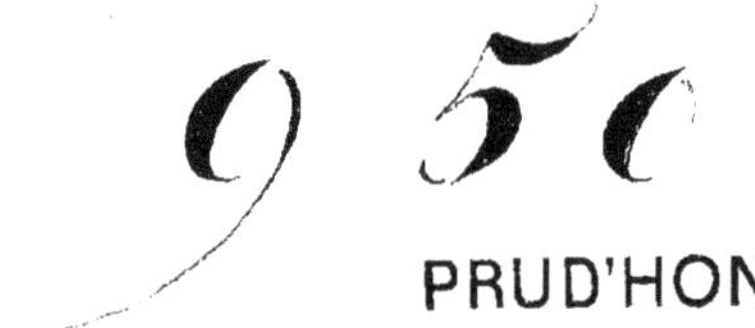

PRUD'HON

156 — **Figure d'homme vu à mi-corps, un bras levé.**

(Vente de Boisfremont).

Dessin rehaussé.

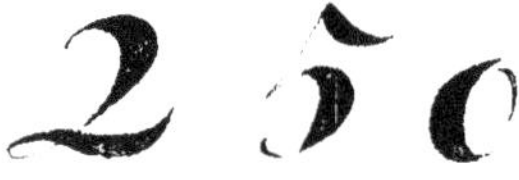

PRUD'HON

157 — **Figure d'homme debout vu de dos.**

(Vente de Boisfremont).

Dessin rehaussé.

(réuni au 156)

LA TOUR

(Maurice Quentin de)

158 — **Portrait de Mme de la Reynière.**

Elle est assise, vêtue d'une robe de soie bleue à corsage ouvert et à manches à jabots de dentelles. Les cheveux poudrés, un velours noir au cou, elle tient à la main un sac brodé et un éventail ouvert.

Pastel. — Haut., 79 cent.; larg., 63 cent.

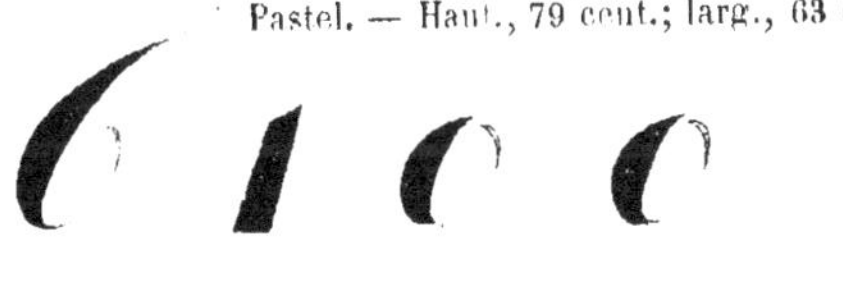

LA TOUR

(Maurice Quentin de)

159 — **Portrait de M. Dupouche, maître de La Tour.**

Il est vu à mi-corps, vêtu de noir, un bonnet noir sur la tête, les deux bras appuyés sur le dossier d'un fauteuil.

Salon de 1739. 350

Pastel. — Haut., 63 cent.; larg., 52 cent.

WATTEAU

160 — **Trois dessins, croquis de figures.**

310 Sanguine.

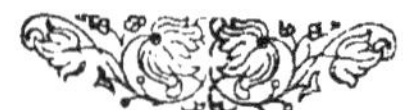

www.ingramcontent.com/pod-product-compliance
Ingram Content Group UK Ltd.
Pitfield, Milton Keynes, MK11 3LW, UK
UKHW022127170726
13837UKWH00003B/1412